Depressionen, Ängste, Stimmungsschwankungen und Hyperaktivität

Grant Mullen

ASAPH VERLAG

Titel der englischen Originalausgabe:
Depression, Anxiety, Mood Swings and Hyperactivity

Die englische Originalausgabe ist erschienen bei:
SOVEREIGN WORLD LIMITED,
P.O. Box 777, Tonbridge, Kent TN11 0ZS, England

Aus dem Englischen übersetzt von Evelyn E. Reuter

Umschlaggestaltung: Verlagsagentur H. Otto, D-Monheim
EBV / DTP: Verlagsagentur H. Otto, D-Monheim
Druck: Breklumer Druckerei M. Siegel, D-Breklum

Printed in Germany

ISBN: 3-931025-36-5
Best.-Nr.: 147536

Für kostenlose Informationen über unser umfangreiches
Lieferprogramm an Büchern, Musik usw.
schreiben Sie bitte an:

ASAPH, D-58478 Lüdenscheid
eMail: ASAPH@T-Online.de

Inhalt

Einführung

Diese Broschüre soll eine Hilfestellung für Christen sein, um die Zusammenhänge von Krankheiten, die das menschliche Denken und Fühlen beeinträchtigen und die medizinisch behandelbar sind, besser zu verstehen. Als Christen sind wir oft verunsichert, wenn es um psychische Krankheiten geht. Vielfach besteht auch ein gewisses Mißtrauen gegenüber psychotherapeutischer Behandlung. Daher leiden zahlreiche Menschen unnötigerweise an Krankheiten, die an sich therapierbar sind.

In diesem Heft sollen knapp und verständlich die notwendigen psychiatrischen Grundlagen vermittelt werden, um Mißverständnisse auszuräumen und das Geheimnisvolle, Verwirrende, das Stigma zu lüften, das Depressionen und manischen Depressionen anhaftet. Ferner soll auch auf Hyperaktivität und andere verbreitete psychische Krankheiten eingegangen werden.

Auf den folgenden Seiten werde ich versuchen, die Fragen zu beantworten, die mir als Arzt in der psychiatrischen Klinik immer wieder gestellt werden. Danach wird es Ihnen leichter fallen, diese Krankheiten zu erkennen, ihre Hintergründe zu verstehen und gegebenenfalls Hilfe zu suchen. Sie besitzen dann sozusagen das Rüstzeug, um Ihr psychisches Gleichgewicht wiederzufinden oder anderen dabei zu helfen. Sie werden auch besser in der Lage sein, jemanden während einer Therapie zu begleiten und zu ermutigen.

Die medizinische Forschung hat in den letzten Jahren enorme Fortschritte auf dem Gebiet seelischer Krankheiten gemacht. Doch die Behandlungsmethoden kommen leider oft nicht zum Tragen, da die Patienten aufgrund von Unwissenheit oder Mißverständnissen nicht erreicht werden.

Ich vergleiche die gegenwärtige Situation gern mit der Zeit, als die Brille erfunden wurde. Mit ihr ließen sich Sehfehler hervorragend korrigieren, dennoch fand sie bei den meisten Leuten wenig Zuspruch, da sie überhaupt nicht wußten, daß sie die Welt verschwommen sahen und daß dem Übel mit einer Brille abgeholfen werden konnte. Die meisten hatten gelernt, mit ihrer Sehschwäche zu leben, und machten sich über die anderen lustig, die eine Brille trugen. Wer jedoch den Versuch mit der Brille wagte, war begeistert über die entscheidende

Verbesserung und wünschte, er hätte sie schon vor Jahren gehabt. Nun konnten die Leute zwar wieder gut sehen, doch mußten sie mit dem Stigma leben, das dem Brilletragen anhaftete.

Heutzutage sind wir mit dem Problem des „verschwommenen" Denkens konfrontiert – für den Beobachter unsichtbar. Selbst die Betroffenen wissen nicht, daß ihr Denken nicht so klar ist, wie es sein sollte. Sie haben sich so daran gewöhnt, mit dieser Behinderung zu leben, daß ihnen nicht bewußt ist, daß sie Hilfe brauchen. Folglich sind sie taub für den Vorschlag, Hilfe in Anspruch zu nehmen, und machen sich über jene lustig, die es tun.

Diese Broschüre kann als „Meßlatte" für menschliche Denkmuster dienen, um zu erkennen, ob eine korrigierbare „Verzerrung" des Denkens vorliegt. Natürlich ersetzen diese Informationen nicht die fachliche Beurteilung eines Arztes oder Therapeuten, doch sie können helfen, psychische Störungen richtig einzuordnen.

1
Wie verbreitet sind Depressionen?

Depressionen gehören zu den häufigsten undiagnostizierten Behinderungen in der heutigen Gesellschaft. Sie verschlingen in den USA Kosten von jährlich 27 Milliarden Dollar – für medizinische Behandlung sowie durch Produktionsausfall, Arbeitslosigkeit, höhere Krankheitsanfälligkeit, Selbstmord, familiäre Zerrüttung, zerbrochene Beziehungen und Alkoholmißbrauch. In Kanada schätzt man die entsprechenden Kosten auf 5 Milliarden Dollar jährlich. Nur bei Herzkrankheiten entstehen eine vergleichbare Behinderung und ähnlich hohe Kosten für die Gesellschaft.

Bei Depressionen ist die Behinderung schwerwiegender als bei den meisten anderen chronischen Krankheiten. Obwohl es heute wirksame Behandlungsmethoden gibt, bleibt die Krankheit bei vielen Menschen unerkannt und unbehandelt. Das ist größtenteils auf Unwissenheit zurückzuführen, aber auch auf die Weigerung, Depressionen als echte Krankheit zu betrachten. So gibt es depressiv Kranke, die – oft ihr Leben lang – unnötig leiden, was mit starken seelischen, emotionalen und körperlichen Schmerzen verbunden ist und zur Zerstörung sämtlicher Beziehungen, zu Hause wie am Arbeitsplatz, führt.

Hat jemand erkannt, daß er ernsthaft krank ist, und nimmt er ärztliche Hilfe in Anspruch, muß er mit der unberechtigten Stigmatisierung einer ignoranten Öffentlichkeit leben, die Depressionen als Charakterschwäche abtut, als Mangel an Willenskraft oder persönliches Versagen. Der depressiv Kranke muß also, zusätzlich zu seiner Krankheit, auch noch mit der Verachtung der Gesellschaft leben. Es gibt keine andere chronische Krankheit, die so sehr dem Fehlurteil der Öffentlichkeit unterliegt.

Sechs bis zehn Prozent der Bevölkerung leiden ständig unter Depressionen. Dabei wird die Krankheit bei achtzig Prozent der Betroffenen weder behandelt noch als solche erkannt. Zehn bis zwanzig Prozent aller Frauen und fünf bis zehn Prozent aller Männer sind in einer bestimmten Lebenssituation vorübergehend depressiv. Depressionen sind bei Frauen häufiger, was mit den genetischen Faktoren zusammenhängt. Auch mit zunehmendem Alter tritt die Krankheit verstärkt auf. Sie kommt bei allen Nationalitäten und in allen Bevölkerungsschichten vor, selbst bei Menschen, die nicht unter Streß stehen und denen es ansonsten gut geht. Alle depressiven Erkrankungen sind stark erblich bedingt. Die Erkrankung eines engen Blutsverwandten erhöht das Risiko um das dreifache.

Man kann Depressionen auch nicht zu den gutartigen Krankheiten zählen. Fünfzehn Prozent der untherapierten Patienten begehen Selbstmord. Achtzig Prozent aller Selbstmordgefährdeten leiden unter einer therapierbaren psychischen Krankheit.

Mindestens zehn Prozent aller Menschen sind irgendwann in ihrem Leben einmal Opfer einer Depression oder manischen Depression. Die meisten von ihnen werden nie ärztlich behandelt, weil sie die Stigmatisierung scheuen, die mit der Diagnose und der Therapie verbunden ist. Sie ist das Haupthindernis für eine Behandlung. Die Erkrankten haben Angst, sich zu ihrer Depression zu bekennen, da sie negative Konsequenzen für ihr Arbeits- und Familienleben fürchten.

Eine erfolgreiche Behandlung kann erst beginnen, wenn das Problem als solches erkannt und die Hemmschwelle überwunden wird. Durch Aufklärung der Öffentlichkeit sollte das Bewußtsein für diese Krankheiten geschärft und das Stigma nach und nach aus der Welt geschafft werden.

2

Was unterscheidet eine „echte“ Depression von „normaler“ Niedergeschlagenheit?

Die Depression ist mit Abstand die häufigste Form seelischer Leiden. Sie ist hingegen nur unzureichend definiert, so daß es viele verschiedene Meinungen gibt. Wir sollten klar unterscheiden können zwischen einer vorübergehenden depressiven Verstimmung, etwa infolge einer Enttäuschung, und der schwerwiegenden, tiefen Verzweiflung eines Menschen, der seit vielen Jahren alles Interesse am Leben verloren hat.

Mit „Niedergeschlagenheit“ meine ich also zeitlich bedingte Stimmungsschwankungen. Gemeint sind traurige Stimmungen, die wir gewöhnlich als „Frust“ bezeichnen, und die niemand als „Krankheit“ betrachten würde. Der Begriff „Depression“ dagegen bezieht sich ausschließlich auf die langfristige, psychische Krankheit, die der therapeutischen Hilfe von Fachleuten bedarf.

Dennoch ist es nicht einfach, das eine vom anderen zu unterscheiden. Das Erkennen einer Depression erfordert langjährige Erfahrung und Schulung. Psychische Krankheiten lassen sich zur Zeit noch nicht

Kontrollzentrum für Stimmungsschwankungen

Abb. 1: Das Kontrollzentrum für Stimmungsschwankungen hat die Aufgabe, die Stimmungslage - unabhängig von äußeren Faktoren - im Normalbereich zu stabilisieren.

durch Blutproben oder Röntgen bestimmen. Der einzige Weg führt über das Verständnis der Gefühls- und Gedankenwelt des Patienten.

Niedergeschlagenheit ist immer vorübergehend und hat einen bestimmten Grund. Sie verschwindet meistens „von selbst“, wenn Gras über eine Sache wächst, oder mit Hilfe von seelsorgerlicher Betreuung. Wer niedergeschlagen ist, ist trotzdem in der Lage, sich an anderen Dingen zu freuen, und verfügt noch immer über Hoffnung, die Kontrolle über seine Gedanken und eine normale Konzentrationsfähigkeit.

Bei einer echten Depression dagegen tritt auch über einen langen Zeitraum keine Besserung der Symptome ein. Gewöhnlich, jedoch nicht immer, ist sie von Traurigkeit gekennzeichnet. Typisch für depressiv Kranke sind auch Antriebsschwäche, Interesselosigkeit sowie die Unfähigkeit, sich irgendeiner aktiven Tätigkeit zu erfreuen. Sie leiden unter allgemeiner Hoffnungslosigkeit und der Unfähigkeit, ihre Gedanken zu kontrollieren und zu steuern. Eine echte Depression schwächt den Lebensgeist weitaus mehr als eine vorübergehende Niedergeschlagenheit.

In Kapitel 4 wird umfassender auf die Symptome der Depression eingegangen.

3

Wie entsteht eine Depression?

Zunächst einmal müssen wir uns klarmachen, daß das Formen eines Gedankens – ebenso wie das Bewegen eines Armes oder ein Augenzwinkern – ein physischer Vorgang ist. Nervenzellen im Gehirn steuern also nicht nur die Bewegung einzelner Körperteile, sondern auch gedankliche Vorgänge. Deshalb haben wir unsere Gedanken nur dann vollständig unter Kontrolle, wenn alle Nervenzellen richtig arbeiten, um diese Kontrolle zu gewährleisten. Dieser Prozeß ist genau so störanfällig wie alle anderen Prozesse in unserem Körper.

Das Gehirn ist in verschiedene Bereiche oder „Kontrollzentren" unterteilt, die unsere Körperfunktionen steuern. Das Kontrollzentrum für Stimmungsschwankungen (siehe Abbildung 1 und 2) ist für unser psychisches Gleichgewicht verantwortlich, für unsere Selbstbeherrschung und Konzentrationsfähigkeit. Nur so können wir entspannt und zufrieden sein, klare Gedanken fassen und mit Streßsituationen fertig werden. Um diese Körperfunktionen zu regulieren, produzieren die Gehirnzellen spezielle chemische Substanzen, genannt Neurotransmitter. Ist die Produktion dieser Stoffe gestört, kann auch das Kontrollzentrum nicht richtig arbeiten, was Krankheitssymptome oder Behinderungen zur Folge hat.

Sind zum Beispiel, etwa nach einem Schlaganfall, die Gehirnzellen des Bewegungszentrums beeinträchtigt, zieht dies eine Einschränkung der körperlichen Beweglichkeit nach sich. Betrifft die Störung das Stimmungskontrollzentrum, gerät das seelische Gleichgewicht außer Kontrolle oder schlägt in eine anhaltende Depression um.

Es ist inzwischen eine anerkannte Tatsache, daß psychische Krankheiten in der Regel auf ein chemisches Ungleichgewicht des betreffenden Kontrollzentrums im Gehirn basieren. Die Tendenz zu Störungen ist normalerweise erblich bedingt. Dabei können die Symptome entweder plötzlich, ohne besonderen Anlaß, auftreten, oder die Neigung zu Depressionen kann durch besondere Umstände wie Streßsituationen ausgelöst werden. Dank dieser Erkenntnisse wird Depression mittlerweile als körperliche Krankheit betrachtet, die durch eine medizinische Behandlung therapierbar ist.

Aufgrund des genetischen Aspekts dieser Krankheit ist ein auslösender Streßfaktor nicht unbedingt erforderlich. Manchmal entwickeln sich Depressionen im Laufe der Jahre ohne ersichtlichen Grund, ähnlich wie Diabetes. Es besteht jedoch kein Zweifel, daß Streß bei Menschen, die das entsprechende genetische Potential haben, der Auslöser für eine depressive Erkrankung sein kann. Je größer dieses genetische Potential, desto geringer braucht die auslösende Streßbelastung sein.

Ob streßbedingt oder nicht – auf die Behandlung der Depression hat das keine Auswirkung. Ist ein chemisches Ungleichgewicht vorhanden, kann es behandelt werden, unabhängig von seiner Ursache. Denken Sie einfach an folgende Parallele: Wenn sich jemand ein Bein gebrochen hat, braucht er einen Gipsverband, ganz gleich, ob er die Treppe hinuntergefallen ist oder einen Autounfall hatte. Die Behandlung bleibt dieselbe.

Wird das chemische Ungleichgewicht ausbalanciert, ist der Patient wieder besser in der Lage, mit Streßsituationen umzugehen. In der Regel wird natürlich auch ein erfahrener Seelsorger oder Therapeut hinzugezogen.

Kontrollzentrum im Gehirn

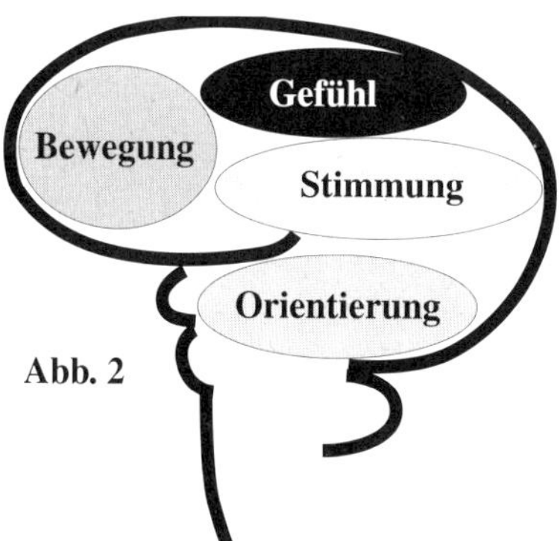

Abb. 2: Kontrollzentren im Gehirn

4

Was sind die Symptome einer Depression?

Depressionen haben ein breites Spektrum an Symptomen und wirken sich bei jedem Patienten unterschiedlich aus. Ganz allgemein könnte man sagen: Diese Menschen sind ständig grundlos traurig. Sie haben an den meisten Beschäftigungen, denen sie früher gerne nachgingen, das Interesse verloren. Sie fühlen sich gescheitert, nutzlos, niedergeschlagen, von Gott bestraft, unfähig zu beten und so wertlos, daß sie sich nicht vorstellen können, daß sie geliebt werden oder Gottes Vergebung auch für sie gilt. Vielleicht fühlen sie sich von Gott verlassen oder glauben, daß er seine Ohren für sie verschlossen hat, aufgrund einer unwissentlich begangenen „Todsünde". Sie sind der Ansicht, daß sie als Christ und als Mensch versagt haben. Von Schuldgefühlen geplagt, verachten sie sich selbst, weil sie nicht in der Lage sind, sich „zusammenzureißen". Manche sind in verstärktem Maße reizbar und neigen dazu, alle Menschen in ihrem persönlichen Umfeld anzugreifen und für ihre Lage verantwortlich zu machen. Es fällt ihnen schwer, sich zu entspannen oder zufrieden zu sein. Auch das Interesse an Zärtlichkeiten oder Sex läßt nach.

Depressiv Kranke leiden oft unter schweren Schlafstörungen, da sie unaufhörlich und unkontrollierbar von destruktiven Gedanken und Sorgen verfolgt werden. Viele wachen morgens um vier auf und liegen stundenlang wach, weil die Gedanken, die sich nicht verdrängen lassen, sie am Einschlafen hindern. Andere wiederum schlafen besonders viel und lange. Für sie ist der Schlaf eine Art Flucht aus einer unerträglichen Wirklichkeit.

Die Konzentration auf eine Arbeit, Freizeitbeschäftigung oder Lektüre wird zum Ding der Unmöglichkeit, da der Strom lähmender, depressiver Gedanken nicht abreißt. Beim Lesen passiert es, daß depressive Menschen zwar die Worte entziffern, aber jeden Satz dreimal lesen müssen, um zu erfassen, was darin steht. Sie haben Mühe, gedanklich längere Zeit gezielt bei der Sache zu bleiben und irgend etwas zu Ende zu führen. Meistens wird aus Müdigkeit oder mangelndem Interesse vorher aufgegeben.

Überhaupt wird lähmende Müdigkeit bei achtzig Prozent depressiv Kranker zu einem wesentlichen Problem. Tägliche Pflichten, die zuvor leicht von der Hand gingen, werden nun als große Kraftanstrengung empfunden. Alles ist so mühsam, daß jegliche Aktivität von vornherein vermieden wird. Da Depressive ein geringes Selbstwertgefühl und eine verminderte Konzentrationsfähigkeit besitzen, fällt es ihnen auch äußerst schwer, Entscheidungen zu treffen. Angst wird zum ständigen Begleiter. Depressive Menschen sorgen sich um alles und jedes, selbst um Kleinigkeiten, denen sie zuvor keine Beachtung geschenkt hatten. Fünfzig Prozent aller depressiv Kranken leben in an-

Das chemische Ungleichgewicht verhindert, daß das Kontrollzentrum für Stimmungsschwankungen die Stimmungslage stabilisieren kann. Die Gedanken gleiten in die Depression ab.

Abb. 3: Gestörte Stimmungsregulierung

haltender Sorge. Starke Angstgefühle können zu auffälligen Verhaltensmustern führen, wie zum Beispiel wiederholtes Händewaschen, um das Gefühl, schmutzig zu sein, loszuwerden. Dieses Verhalten ist auch als Zwangsneurose bekannt, siehe auch Kapitel 21.

Manchmal kommt es zu einer verstärkten Fixierung auf körperliche Symptome mit zahlreichen Arztbesuchen, doch die Ursachen des vermeintlichen Leidens können weder diagnostiziert noch behandelt werden. So sind etwa chronische Schmerzen eine häufige Begleiterscheinung einer zugrunde liegenden Depression. In diesem Fall ist die medizinische Behandlung meistens lediglich auf die Schmerzbekämpfung ausgerichtet, aber die wirklichen, seelischen und emotionalen Probleme bleiben unentdeckt und untherapiert. Sechzig Prozent der Patienten, die über chronische Schmerzen klagen, leiden an einer medizinischen Depression, die sie möglicherweise unbewußt hinter der Legitimität des Schmerzes verbergen, um der Diagnose einer sozial geächteten Krankheit zu entgehen.

Depressive Menschen haben es schwer, am gesellschaftlichen Leben teilzunehmen. Sie fühlen sich unbehaglich in der Gemeinde, beklagen sich, daß ihnen der Gottesdienst „nichts mehr bringt" oder haben am Pfarrer und den Gemeindegliedern ständig etwas auszusetzen. So wechseln sie häufig von Gemeinde zu Gemeinde, bleiben nirgends lange, immer auf der Suche nach der „richtigen", die ihre Bedürfnisse erfüllt.

Depressiv Kranke weinen oft und neigen dazu, andere, insbesondere ihren Ehepartner, ihre Familie oder Gott, für ihre Mutlosigkeit verantwortlich zu machen.

Dabei sind alle hier genannten Symptome an sich nichts Schlimmes und keinesfalls immer Anzeichen einer psychischen Krankheit. Wenn jedoch mehrere dieser Symptome über einen Zeitraum von über zwei Monaten andauern, besteht der Verdacht, daß es sich um eine Krankheit handelt, die therapiert werden sollte.

Vielfach treten Depressionen das erste Mal in jungen Jahren auf, im Alter zwischen zehn und zwanzig. Leider werden die Symptome häufig als „pubertäre Phase" verharmlost (siehe Kapitel 7). Viele meiner Patienten leben über zehn Jahre mit ihrer Depression, bevor sie erfahren, daß ihnen geholfen werden kann. Der Beginn der Krankheit ist so heimtückisch, daß er unbemerkt bleibt, so daß der Patient und seine Familie sich einfach nach und nach an die Veränderungen anpassen.

Für den Betreffenden selbst wird sein Zustand zu einer neuen Realität, so daß er keine Veranlassung für eine Behandlung sieht.

Depressionen ziehen unsere Fähigkeit zu denken und zu fühlen in Mitleidenschaft. Sie trüben unsere Persönlichkeit und verändern die Wahrnehmung bestimmter Ereignisse und Beziehungen zu anderen. Die Depression veranlaßt den Patienten, körperliche Leiden übertrieben darzustellen; sie zerrüttet Beziehungen, stört die Kommunikation und beeinträchtigt das Eß- und Schlafverhalten. Sie beeinflußt das gesamte Umfeld eines Menschen auf negative Weise. Es gibt nur wenige bekannte Krankheiten, die so einschneidende, zerstörerische Auswirkungen auf das Leben des Patienten und seiner Angehörigen haben. Obwohl weit verbreitet, wird eine Depression oft nicht als solche erkannt und tarnt sich als Müdigkeit, Burnout-Syndrom oder durch chronische Schmerzen.

5

Welche Auswirkungen haben Depressionen in der Ehe?

Depressionen und manisch-depressive Erkrankungen sind ein wesentlicher Störfaktor für zwischenmenschliche Beziehungen, sowohl innerhalb als auch außerhalb der Familie. Ehen werden erheblich belastet durch die Launen, Reizbarkeit, Müdigkeit und die Antriebsschwäche eines depressiven Partners.

Zwanzig Prozent aller Ehen sind unglücklich. Die Hälfte dieser Fälle sind Ehen, in denen ein oder beide Partner an einer Depression oder manischen Depression leiden. In meiner psychiatrischen Klinik stelle ich immer wieder fest, daß dies der häufigste Grund für Eheprobleme ist.

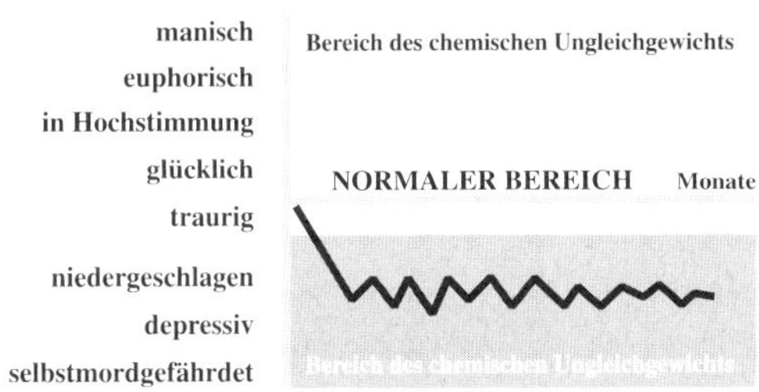

Abb. 4: Der Verlauf einer Depression ist heimtückisch und kann ein Leben lang unentdeckt bleiben.

6

Kann eine Depression durch die Menopause oder das prämenstruelle Syndrom (PMS) ausgelöst werden?

Die Menopause, manchmal abfällig als „mentale Pause“ bezeichnet, wurde schon immer als Ursache für Depressionen verantwortlich gemacht. Doch das stimmt nicht.

Es steht außer Frage, daß die Hormonschwankungen in der Menopause und während des Monatszyklus sich auf die Gemütsverfassung auswirken. Doch diese Schwankungen können keine chemisch bedingte Depression hervorrufen. Allerdings werden Symptome einer bereits existierenden, verdeckten Depression oft durch die Menopause oder PMS verstärkt. Begeben sich die Frauen dann in ärztliche Behandlung, werden leider meistens nur die Symptome bekämpft, die zugrunde liegende Depression dagegen bleibt unentdeckt. Dabei ist es unerläßlich, daß die Symptome der Menopause und die der Depression gesondert behandelt werden. In beiden Fällen handelt es sich um therapierbare, biochemische Störungen.

7

Sind Depressionen bei Heranwachsenden eine vorübergehende, pubertäre Phase?

Depressionen und depressive Verstimmungen sind bei Teenagern sehr verbreitet. Man nimmt an, daß zwanzig Prozent aller Jugendlichen an depressiven Symptomen leiden. Die Selbstmordrate im Jugendalter ist in den vergangenen zehn Jahren um 200 Prozent gestiegen. Selbstmord ist heute die dritthäufigste Todesursache in dieser Altersgruppe. Bei Depressionen handelt es sich also keineswegs um eine normale Phase in der Entwicklung, die vorübergeht. Depressive Erkrankungen bei Heranwachsenden verursachen schwere Lernbehinderungen und Störungen in der Persönlichkeitsentwicklung.

Bei den meisten depressiven Erwachsenen nahm die Krankheit bereits in der Pubertät ihren Lauf, wurde jedoch aufgrund der landläufigen Meinung, daß Stimmungslabilität bei Jugendlichen „normal" und „nur so eine Phase" sei, nicht weiter ernst genommen. Die Tragik ist, daß ein depressiver Teenager, der gereizt und empfindlich reagiert, als „pubertär und bockig" gilt und nicht erkannt wird, daß er an einer Krankheit leidet, die behandelt werden kann. Depressive Jugendliche sprechen auf medikamentöse Behandlung genau so gut an wie Erwachsene – und leiden daher ebenso unnötig. Ohne Behandlung ihrer Krankheit werden sie vermutlich ihr Leben lang mit Problemen auf persönlicher, sozialer und intellektueller Ebene zu kämpfen haben.

Kinder, die an einem Aufmerksamkeits-Defizit-Syndrom (ADS) leiden, geraten in der Pubertät zunehmend in eine labile Stimmungslage, was eine Behandlung absolut notwendig macht. Die Symptome der Jugenddepression sind dieselben wie bei Erwachsenen. Sie äußern sich durch ein vielleicht noch höheres Maß an Reizbarkeit, durch Trotz, Desinteresse in der Schule und niedrigem Selbstwertgefühl. Wie erwachsene Patienten werden auch depressive Jugendliche träge und haben zu nichts mehr Lust, ändern ihre Eßgewohnheiten, klagen über dauernde Müdigkeit, werden melancholisch und in sich gekehrt. Es kommt auch vor, daß sie sozial auffällig und in Delikte wie Diebstahl oder Schlägereien verwickelt werden oder mit dem Gesetz in Konflikt geraten. Aufgrund ihrer sozialen Defizite haben depressive Jugendliche wenig Freunde. Viele suchen durch Alkohol oder Drogen dem Strudel negativer Gedanken zu entfliehen. Depression und Suchtabhängigkeit sind oft eng miteinander verknüpft. Familien depressiver Teenager sind daher vielfach alles andere als streß- und konfliktfrei.

Auch Jugenddepression ist hochgradig erblich bedingt. Fünfzig Prozent der Kinder depressiver Eltern werden ebenfalls an Depressionen erkranken. Bei der medikamentösen Behandlung gilt dieselbe Erfolgsquote wie bei Erwachsenen. Dennoch ist es sehr schwer, die Jugendlichen oder ihre Eltern von der Notwendigkeit einer Behandlung zu überzeugen. Deshalb wird die Mehrzahl der depressiven Erkrankungen im Jugendalter weder erkannt noch behandelt, was zu Jahren unnötiger Behinderung und in manchen Fällen sogar zum Tod führt.

8

Sind Depressionen bei älteren Menschen normal?

Depressionen sind im fortgeschrittenen Alter weit verbreitet, wenn auch selten ernst genommen, da die Symptome als „normale" Alterserscheinungen interpretiert werden.

Die Wahrscheinlichkeit einer Depression steigt mit dem Alter. Man nimmt an, daß dies mit den altersbedingten Veränderungen der Nervenzellen zusammenhängt. Diese Veränderungen sind um so stärker, wenn der Betreffende an einer weiteren chronischen Krankheit leidet. Bis zu dreißig Prozent aller Schlaganfallpatienten sind Opfer einer chemisch bedingten Depression. Auch ein erhöhtes Maß an Streß im Alter, etwa durch den Verlust nahestehender Angehöriger, kann eine Depression auslösen oder beschleunigen. Die Selbstmordrate ist in dieser Altersgruppe am höchsten.

Es besteht die Gefahr, daß Depression mit Senilität verwechselt wird. Manchmal ist das eine mit dem anderen gekoppelt. Auf jeden Fall ist es auch hier erforderlich, die Depression als eigenständige Krankheit zu behandeln, denn eine Behandlung ist in jedem Alter erfolgversprechend.

9

Wie wirken sich Depressionen bei Christen aus?

Depressionen beeinträchtigen sämtliche Beziehungen, auch die Beziehung zu Gott. Depressive Christen können Gottes Gegenwart und die Freude über ihre Erlösung nicht mehr spüren. Gott scheint ihnen weiter entfernt denn je, unansprechbar und unerreichbar. Es fällt ihnen schwer, zu beten und Stille Zeit zu halten, da depressive Gedanken ihre Konzentrationsfähigkeit stark einschränken. Auch eine echte innere Beteiligung bei der Anbetung ist für sie oft nicht möglich, da sie sich innerlich leer und tot fühlen. An diesem Punkt beginnen viele von ihnen zu denken, Gott wolle sie strafen, oder sie hätten eine Todsünde begangen. Christen leiden in der Regel besonders stark unter ihrer Depression, denn sie haben den Eindruck, daß nicht nur das Band zu den Menschen, sondern auch zu Gott – ihrem letzten Halt – unweigerlich zerrissen ist.

Wenn wohlmeinende christliche Freunde von der Depression eines Bekannten erfahren, werden sie ihm raten, mehr Zeit mit Gebet und Bibelstudium zu verbringen. Sie wissen nicht, daß dies für den Betreffenden unmöglich ist, da beides ein hohes Maß an Konzentration erfordert, die durch die Depression stark gestört ist. Im Gegenteil, seine Unfähigkeit zum Beten und Bibellesen scheint für sie der Beweis, daß es sich hier um ein geistliches Problem oder um mangelnden Glauben handeln muß, oder daß der Depressive in Wirklichkeit gar nicht gesund werden will. Daraufhin wird man ihm zu einem Gespräch mit dem Pastor oder einem Seelsorger raten sowie entsprechende Literatur oder Kassetten empfehlen. Diese Schritte können jedoch nur dann zum Erfolg führen, wenn jemand seine Gedanken hundertprozentig unter Kontrolle hat und in der Lage ist, sein Denkmuster zu ändern. Wenn alle christlichen Ansätze und „Hilf-dirselbst"-Bücher fehlschlagen, wird sich der depressive Christ um so hoffnungsloser und geistlich leerer fühlen und vielleicht sogar dem Glauben gänzlich den Rücken kehren.

Zusätzlich belastend für depressive Christen sind ihre Schuldgefühle, daß sie es nicht schaffen, von ihren Depressionen freizuwerden.

Sie suchen den Fehler bei sich selbst, in ihrer vermeintlichen geistlichen oder Charakterschwäche. Hinzu kommt, daß in manchen Gemeinden die Ansicht vertreten wird, ein Christ, der fest im Glauben steht, könne nicht depressiv werden; demzufolge seien Depressionen ein Zeichen von Niederlage, Ungehorsam und Unglauben – was die Schuldgefühle des Kranken natürlich noch verstärkt.

Der Gottesdienstbesuch wird für depressive Christen oft zum Spießrutenlauf, nicht nur, weil ihre menschlichen Beziehungen gestört sind, sondern auch, weil sie sich durch ihre Unfähigkeit zum Beten und Bibellesen wie Heuchler vorkommen. Infolge ihrer schwachen Konzentration können sie auch meistens der Predigt wenig abgewinnen. Das führt dazu, daß viele von ihnen häufig die Gemeinde wechseln, mit der Begründung, daß der Gottesdienst ihnen „keine geistliche Nahrung mehr bietet" oder die Predigt „einen nicht dort abholt, wo man steht". Depressionen sind also für Christen besonders schwerwiegend. Auch sie leiden unnötig, weil sie über psychische Krankheiten zuwenig informiert sind.

Dabei scheint es in Gemeinden evangelikaler Prägung auffallend viele depressiv Kranke zu geben. Das liegt daran, daß diese Gemeinden ganz bewußt auf Suchende ausgerichtet sind, und depressive Menschen, die ständig nach Antworten und Lösungen für ihr Leben suchen, sich von ihnen besonders angesprochen fühlen. Finden diese Suchenden keine Antwort auf ihre Fragen nach Gott und dem ewigen Leben und keine Hilfe in ihrer Depression, werden sie größtenteils zu „Abtrünnigen", da sie daraus schließen müssen, daß auch das Christentum ihre Bedürfnisse nicht stillen kann.

10

Was ist, wenn der Pastor depressiv ist?

Ein Pastor, der an einer unbehandelten Depression leidet, kann in seiner Gemeinde und in seinem Dienst ganz erheblichen Schaden anrichten. Er wird vermutlich seine Symptome als „Burnout-Syndrom" abstempeln und dafür vielleicht die Gemeinde, seine Familie oder seine Vorgesetzten verantwortlich machen. Für seine geistliche Talfahrt wird er sich wahrscheinlich selbst die Schuld geben. Bessert sich sein Zustand nicht, obwohl er sich um Gebet und Bibelstudium müht, um Gott wieder näher zu kommen, wird er zu der Überzeugung gelangen, daß er von Gott so weit entfernt sei, daß ihm nicht mehr zu helfen sei, und sein „Ruf" oder „Segen" für den Dienst nicht mehr bestehe. Pastoren sind oft zu beschämt, um bei einem Kollegen oder Seelsorger Rat zu suchen, und sind daher in ihrem Leid meistens allein.

Bei Stimmungslabilität kann es manchmal bei Pastoren zu impulsiven Handlungen und einem Abgleiten in die Sünde kommen. Da sie dadurch in Ungnade fallen und die Kritik der Gemeinde auf sich ziehen, scheiden sie oft verbittert aus ihrem Dienst aus. Solche traurigen Konsequenzen ließen sich vermeiden, wenn die Depression rechtzeitig erkannt und behandelt würde.

11

Warum sind gerade Christen so schwer zu behandeln?

Wie wir bereits erwähnten, besteht in unserer Gesellschaft eine Informationslücke in bezug auf psychische Krankheiten. Als Christen sind wir nicht nur genau so uninformiert, sondern haben uns zudem unsere eigenen Erklärungen zurechtgelegt, was die Hintergründe und Behandlung dieser Krankheiten betrifft. So nehmen wir an, daß angesichts der geistlichen Symptome auch eine geistliche Ursache vorhanden sein muß und deshalb Heilung nur auf geistlicher Ebene erfolgen kann. Tut sie das nicht, wird das Opfer zum Schuldigen, indem man dem depressiv Kranken mangelnden Glauben oder Willen unterstellt. Christen sind sich nicht bewußt, daß Depression die einzige körperlich bedingte Krankheit ist, die geistliche Symptome aufweist.

Christen gehen davon aus, daß sie ihre Gedanken vollständig unter Kontrolle haben, doch das ist bei einer depressiven oder manisch-depressiven Störung nicht der Fall. Die Fähigkeit, unsere Gedanken zu überwachen, hängt von der Funktionstüchtigkeit unserer Gehirnzellen ab. Man kann das etwa mit dem Autofahren vergleichen. Wir haben nur dann die vollständige Kontrolle über unseren Wagen, wenn das Lenkrad einwandfrei funktioniert. Der Mechanismus wird jedoch durch die Karosserie verdeckt. Depressive Erkrankungen sind also nicht Sache des persönlichen Willens, sondern der Nervenzellen „unter der Karosserie".

Viele Christen tun sich schwer, bei psychischen Krankheiten ärztlichen Rat zu suchen. Sie werten dies als Eingeständnis dafür, daß sie „zu wenig Kraft aus Gott schöpfen" oder „das Kreuz nicht ausreicht". Manchmal werden sie darin auch noch von wohlmeinenden Freunden oder Pastoren bestärkt, die ihre Schuldgefühle damit nur noch verschlimmern. Weit verbreitet ist auch die Meinung, eine medizinische Behandlung könne niemals die Antwort auf ein geistliches Problem sein, da sie Gottes Allmacht in Frage stelle und man sich so an ihm schuldig mache.

Christen müssen lernen zu verstehen, daß eine Behandlung der Krankheit weder ihren Glauben untergraben noch sie zu willenlosen Geschöpfen machen wird. Antidepressiva sind keine „bewußtseinsverändernden Drogen", und sie führen auch nicht in die Medikamentenabhängigkeit. Christen dürfen sie ruhigen Gewissens einnehmen. Die medikamentöse Behandlung ist genauso Teil des Genesungsprozesses wie die Seelsorge, die Bitte um Heilung und das persönliche Gebet.

Es ist meine große Hoffnung, daß die Informationen in diesem Heft jedem Christen helfen werden, zu erkennen, wann jemand medizinische Hilfe braucht, und um ihn in der Zeit der Behandlung zu begleiten. Viele Pastoren sind zermürbt durch Seelsorgegespräche, die sich über einen langen Zeitraum im Kreis zu drehen scheinen, ohne daß sich bei den Ratsuchenden eine entscheidende Besserung einstellt. Verfügt ein Seelsorger über Hintergrundwissen über die Krankheit, kann er sich auf medizinische Grundlagen stützen und konkrete Hilfe leisten: Er kann dem depressiv Kranken begreiflich machen, daß er an einer „normalen" Krankheit leidet, die man ebenso ärztlich behandeln kann wie andere Krankheiten. Dies führt zu einer schnelleren Genesung und wird die Kräfte des Pastors oder Seelsorgers stärken anstatt sie aufzuzehren.

12

Was ist eine manische Depression?

Etwas weniger verbreitet als die Depression ist die manische Depression oder Zyclothymie. Sie äußert sich durch große Stimmungsschwankungen, die von tiefster Depression und Verzweiflung bis zu überschwenglichem Glücksgefühl, Euphorie und Manie reichen.

In seiner manischen Phase spricht der Patient laut und viel, die Worte werden nur so aus ihm heraus sprudeln, gewürzt mit Scharfsinn und Humor. Er kann unmöglich still sitzen oder sich ausruhen, sondern muß ständig in Bewegung sein. Er ist zerstreut, wechselt häufig das Thema, führt keinen Gedanken zu Ende, bleibt bei keiner Beschäftigung lange bei der Sache. Solche Menschen sind auf einer Party oft der „Entertainer des Abends“, sprühend vor Energie erzählen sie von phantastischen Plänen – die auf dem Acker ihrer Selbstüberschätzung sprießen. Ihre Gedanken überschlagen sich förmlich, wenn sie von großartigen Projekten erzählen, die der unmittelbaren Aufmerksamkeit bedürfen. Widerspricht man ihnen, reagieren sie unter Umständen äußerst gereizt und aggressiv. Manisch-depressiv Kranke verfügen über ein geringes Urteilsvermögen, insbesondere, was den Umgang mit Geld betrifft. Sie kommen mit wenig Schlaf aus. Ruhepausen, Schlafen und Essen sind für sie reine Zeitverschwendung und ein Zeichen der Schwäche. Während ihrer manischen Phase verhalten sie sich manchmal sehr untypisch und impulsiv und gehen sexuelle, persönliche oder finanzielle Risiken ein. Während dieses „Hochs" lehnen sie jegliche ärztliche Behandlung ab, da sie sich stark und gesund fühlen. Manische Episoden sind oft gefolgt von Zeiten tiefster Depression, ausgelöst durch die kleinste Enttäuschung.

Manisch-depressiv Kranke können genau so erfolgreich behandelt werden wie Depressive.

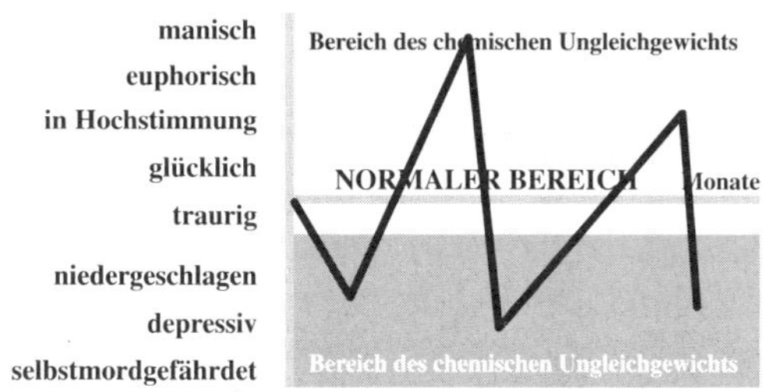

Abb. 5: Manische Depression: Das Stimmungsbarometer schlägt stark in den oberen und unteren krankhaften Bereich aus.

13

Wie kann man Depressionen behandeln?

Wir müssen uns immer wieder klarmachen, daß es sich bei Depressionen um eine Krankheit handelt, und daß der Patient es nicht allein schafft, sie in den Griff zu bekommen. Da hilft es nichts, den Kopf in den Sand zu stecken. So wie Diabetes durch Insulin behandelt werden kann, bedürfen auch Depressionen einer gezielten medizinischen Therapie. Dabei muß der Patient den allerwichtigsten ersten Schritt tun, indem er die Diagnose annimmt und einer Behandlung zustimmt. Selbst leichte chemisch bedingte Depressionen können medikamentös stabilisiert werden, so daß man nicht erst dann zum Arzt gehen sollte, wenn jemand selbstmordgefährdet ist.

Die medizinische Behandlung von Depressionen und manischen Depressionen erfolgt durch den Einsatz gezielt wirkender Medikamente, die das chemische Gleichgewicht der Neurotransmitter wiederherstellen. Diese Medikamente, bei Depressionen unter dem Oberbegriff Antidepressiva bekannt, greifen korrigierend ein und bringen das chemische Ungleichgewicht im Gehirn wieder ins Lot. Der Patient ist wieder in der Lage, sich zu konzentrieren und seine Stimmung und seine Gedanken zu kontrollieren (siehe Abb. 6). Bei der Behandlung der manischen Depression werden stabilisierende Wirkstoffe wie Lithium, Valproinsäure oder Carbamazepin eingesetzt, um Stimmungsschwankun- gen zu beheben oder ihnen vorzubeugen (siehe Abb. 7).

Die meisten dieser Medikamente sind schon seit vierzig Jahren auf dem Markt und haben sich in der Langzeittherapie als sehr erfolgreich erwiesen. Sie erzeugen keine Abhängigkeit und enthalten keine Tranquilizer. Sie sind weder Aufputschmittel noch „Glückspillen", sondern stellen lediglich das Stimmungsgleichgewicht wieder her und ermöglichen es dem Patienten, wieder Herr seiner Gedanken zu sein. Sie schaffen weder eine künstliche Hochstimmung noch eine künstliche Persönlichkeit und haben nicht die geringste Wirkung bei Menschen mit ausgeglichener Stimmungslage.

Allerdings kann man nie im voraus wissen, auf welche Antidepressiva ein Patient anspricht. Um das herauszufinden, bedarf es oft einer bis zu sechswöchigen „Probezeit“ pro Medikament. Denn so lange kann es dauern, bis sich eine Wirkung der Tabletten zeigt, was ernüchternd langsam ist. Deshalb gebe ich immer zu bedenken, daß es manchmal sechs bis acht Monate dauern kann, einen Patienten richtig einzustellen, das heißt, den größtmöglichen Therapieerfolg mit den geringsten Nebenwirkungen zu erzielen. Dieser Prozeß ist vergleichbar mit einer Tür, zu der man den richtigen Schlüssel sucht. Bevor sich die Tür öffnen läßt, hat man vielleicht unzählige verschiedene Schlüssel ausprobiert. In dieser Probephase braucht der Patient Beistand und Ermutigung, um die Therapie nicht vorzeitig abzubrechen.

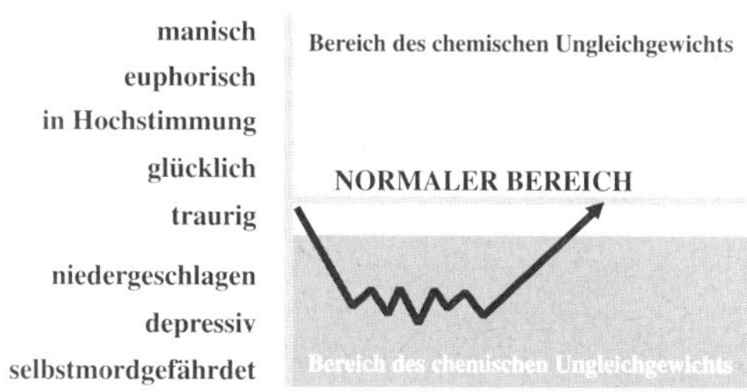

Abb. 6: Antidepressiva helfen, die Stimmung nach und nach zu normalisieren, indem sie die Konzentrationsfähigkeit und das chemische Gleichgewicht im Gehirn wiederherstellen.

Wurde für den Patienten das passende Medikament gefunden, muß er es über einen längeren Zeitraum einnehmen – wenigstens sechs Monate nach Abklingen der depressiven Symptome. Dadurch soll die Gefahr eines plötzlichen Rückfalls nach Absetzen des Medikaments reduziert werden. Statistiken zeigen, daß von Patienten mit einer depressiven Episode fünfzig Prozent der Genesenen innerhalb von zwei Jahren eine zweite Episode erleiden. Bei Patienten mit zwei Episoden erhöht sich das Risiko, innerhalb von zwei Jahren rückfällig zu werden, auf siebzig Prozent. Dabei ist es wichtig, daß die Patienten die Symptome eines Rückfalls rechtzeitig erkennen und so bald wie möglich mit Medikamenten gegensteuern. Im allgemeinen wird empfohlen, Antidepressiva auf unbestimmte Zeit einzunehmen, um dem Rückfallrisiko von vornherein vorzubeugen. Die Patienten lernen, mit den Medikamenten zu leben – ähnlich wie bei einer Brille, bei Insulin oder Herzmitteln. Antidepressiva sind keine Krücke, sondern eine wirksame Korrektur – sofern sie regelmäßig eingenommen werden.

Es gibt auch jahreszeitlich bedingte Depressionen. Sie beginnen gewöhnlich im Herbst und dauern bis zum Frühling. Auch diese Form der Depression kann medikamentös behandelt werden. Zur Zeit werden wissenschaftliche Untersuchungen durchgeführt, ob hier auch Lichttherapie wirksam eingesetzt werden kann.

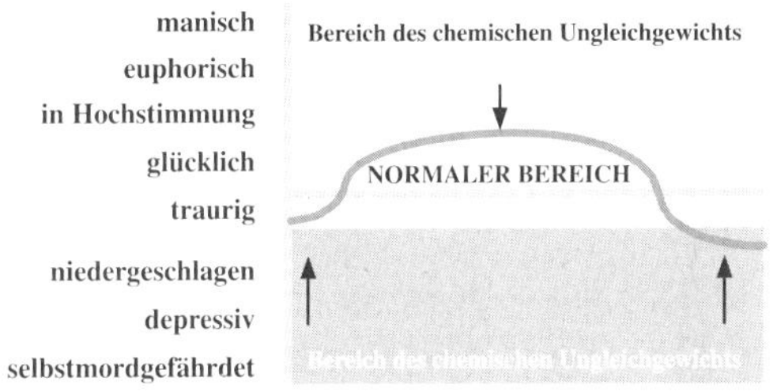

Abb. 7: Lithium und andere stabilisierende Medikamente normalisieren die Stimmungslage, indem sie das chemische Gleichgewicht im Gehirn wiederherstellen und Stimmungsschwankungen mildern.

Ein Aspekt, der häufig übersehen wird, ist die notwendige seelische Unterstützung der Angehörigen depressiv Kranker. Solche Familien leben oftmals in äußerst belastenden Beziehungsverhältnissen und müssen erst lernen, die Tragweite der Krankheit und ihrer Behandlung zu verstehen. Sie brauchen unsere Hilfe, um mit ihren Schuldgefühlen fertigzuwerden, daß sie diesen „Makel" in der Familie haben.

Die Seelsorge ist für den Patienten und dessen Familie ein bedeutender Baustein der Therapie, denn oft haben psychische Traumata und Konflikte zahlreiche Narben hinterlassen. Seelsorge ist dann am effektivsten, wenn der depressiv Kranke wieder in der Lage ist, sich zu konzentrieren und seine Gedanken zu kontrollieren. Es ist für Patienten eine große Hilfe, wenn ihnen Seelsorger und Freunde während der langen Übergangsphase, bis die Medikamente wirken, zur Seite stehen.

Heutzutage gibt es viele Selbsthilfegruppen für Menschen mit seelischen Krankheiten. Auch sie können Patienten und deren Familien eine Stütze sein und leisten erfahrungsgemäß auch meistens sehr gute Aufklärungsarbeit. Doch vor allem können sie die Betroffenen ermutigen, an der Therapie festzuhalten, auch wenn sich eine Genesung erst nach Monaten einstellt.

Durch die richtige Behandlung können depressive Menschen ihr inneres Gleichgewicht wiederfinden, wieder Herr ihres Denkens und Tuns sein und ihrer Zukunft optimistisch entgegensehen.

14

Was ist „Schocktherapie"?

Die Schocktherapie, Elektroschockbehandlung oder Elektrokrampftherapie war die ursprüngliche Methode zur Behandlung von Depressionen. Heute findet sie dank der meist sehr erfolgreichen medikamentösen Therapie nur noch selten Verwendung.

Bei dieser Behandlungsmethode wird mittels Elektroschock auf eine Gehirnhälfte ein krampfartiger Anfall ausgelöst, während sich der Patient in einem sicheren Zustand der Vollnarkose befindet. Der Anfall bewirkt in den Nervenzellen eine schnelle Freisetzung der chemischen Substanzen, die für die Regulierung der Gehirnfunktion verantwortlich sind. Davon sind einige genau die Substanzen, an denen es bei Depressionen mangelt. Ihre plötzliche Freisetzung hilft, das chemische Ungleichgewicht zu korrigieren, wodurch sich die Gemütslage normalisiert. Um dies in ausreichendem Maße zu gewährleisten, ist eine Folge von bis zu zehn Behandlungen erforderlich. Im Anschluß daran werden in der Regel Antidepressiva zur Stabilisierung des chemischen Gleichgewichts verschrieben.

Die Elektrokrampftherapie wird heute im allgemeinen nur noch bei Patienten angewendet, die auf medikamentöse Behandlung nicht ansprechen. Sie ist jedoch eine sichere, schnell wirkende Methode. Bitte raten Sie nie jemandem von dieser Therapiemethode ab – sie kann für die Psyche und für das Leben eines Menschen die rettende Antwort sein.

15

Welche Rolle spielt die Geistliche Kampfführung?

Geistliche Angriffe und geistliche Kampfführung sind besonders bei depressiv kranken Christen ein zentrales Problem. Der Verlust der Konzentrationsfähigkeit und die Häufung negativer Gedanken machen einen Menschen besonders anfällig für dunkle Einflüsse.

Jagen sich negative, schädliche Gedanken ununterbrochen im Kreis, ist es für den Satan ein leichtes, die Gedankenwelt des Kranken mit noch mehr destruktiven Inhalten zu füllen. Der Depressive ist nicht mehr in der Lage, die Quelle aller Lügen und Mißverständnisse zu identifizieren, und wird die schlechten Gedanken für seine eigenen halten. So tragen die Mächte der Finsternis viel zum Leiden depressiv Kranker bei. Dabei haben sie in erster Linie ein Ziel: die Patienten von Seelsorgern und helfenden Freunden zu entfremden – und vor allem von Gott.

Ist durch die Depression die Konzentrationsfähigkeit beeinträchtigt, fällt es sehr schwer, „das Denken im Zaum zu halten" und sich gegen das Eindringen dunkler Gedanken abzuschirmen. Die Situation ist vergleichbar mit einem Haus mit leeren Tür- und Fensteröffnungen. Da ist es unvermeidlich, daß sich Schmutz und Abfall im Haus ansammeln, die der Wind hereinweht. Es ist unmöglich, es sauber zu halten. Wenn sich im Kopf unaufhörlich negative Gedanken jagen, besitzt ein Mensch nur noch wenig Reserven, um sich gegen böse, zerstörende Denkinhalte zu wehren. Dann werden sie „hereingeweht" und türmen sich überall im Haus auf. Durch eine mangelnde Abschirmung kommt es so zu einer Häufung unerwünschter, negativer Gedanken, vor allem solcher, die einen Menschen von Gott entfremden.

Mit dem Genesungsprozeß einer Depression ist es so, als ob man Türen und Fensterscheiben einsetzt, um dunkle Gedanken fernzuhalten. So wird die Kontrolle der Gedanken wiederhergestellt, und der Patient ist in der Lage, Gedanken feindlichen Ursprungs zu erkennen und ihnen den Kampf anzusagen. Das gedankliche „Haus" bleibt „sauber", da Eingänge und Fenster genau überwacht werden können.

Ich habe die Erfahrung gemacht, daß bei depressiven Menschen die Behandlung ihrer Krankheit der erste Schritt zur Befreiung von satanischer Bedrängnis ist. Denn sobald ein depressiver Christ wieder über seine Konzentration und gedankliche Kontrolle verfügt, kann er von seiner Autorität über den Satan Gebrauch machen, und dieser wird das Weite suchen. An dieser Stelle möchte ich auf die Bücher von Peter Horrobin sowie von Neil Anderson verweisen, zum Beispiel *Der die Ketten sprengt*, die einem Kranken helfen können zu lernen, wie er seine gottgegebene Vollmacht nutzen und frei werden kann – nachdem seine seelische Gesundheit wiederhergestellt ist.

16

Welche Bedeutung haben der Heilige Geist und die „Innere Heilung“?

Im Laufe eines jeden menschlichen Lebens entstehen emotionale Fesseln oder Wunden als Folge negativer Erlebnisse und Erfahrungen. Diese emotionalen Verletzungen schaden der Persönlichkeit und machen Menschen zu Sklaven destruktiver Gedankenmuster, die den Alltag beeinträchtigen und Beziehungen belasten. Die negativen, unkontrollierten Denkinhalte bei Depressionen und manischen Depressionen verstärken die zerstörende Wirkung dieser emotionalen Abhängigkeiten um ein Vielfaches.

Wie bereits in Kapitel 15 erwähnt, gibt es auch Gebundenheiten aufgrund von okkulten, geistlichen Angriffen, die Menschen erfolgreich daran hindern, frei zu werden. Bei unserer Bekehrung nimmt Gott jeden von uns so an, wie er ist: gebunden, zerbrochen und verletzt. Doch uns Christen ist der Heilige Geist gegeben, um diese Fesseln des alten Adam zu sprengen und unsere zerbrochene Persönlichkeit heil zu machen. Doch dieser Prozeß ist immer freiwillig. Er wird nur dann stattfinden, wenn wir es zulassen. Es ist der Prozeß der Heiligung und Reinwerdung, in dem uns Gott so umgestalten will, wie er es für uns vorgesehen hat.

Wie wir gesehen haben, kann eine medikamentöse Behandlung depressiv und manisch-depressiv Kranken die gedankliche Kontrolle und Konzentration zurückgeben. Doch Medikamente können weder emotionale Fesseln lösen noch negative Verhaltensmuster oder okkulte Angriffe abwenden.

Eine vollständige emotionale, innere Heilung bedarf immer der Kraft Gottes. Nur er kann Fesseln sprengen und eine verletzte Persönlichkeit heilen. Doch Gottes Wahrheit kann nur schwer in unser Innerstes vordringen, solange nicht – durch Medikamente oder göttliche Heilung – unsere Konzentrationsfähigkeit wiederhergestellt ist. Nach dieser „körperlichen“ Heilung wird der Heilige Geist die Aufgabe vollenden, indem er den Patienten von seinen Gebundenheiten befreit. Und dies geschieht durch das Zusammenwirken von Gottes Wahrheit und der Kraft des Heiligen Geistes.

1994 kam es in einer Gemeinde in Toronto, Kanada, erstmals zu einer überwältigenden Ausgießung des Heiligen Geistes, die sich weltweit in Gemeinden unterschiedlicher Denomination fortsetzte. Dieses Phänomen wurde unter verschiedenen Namen bekannt, darunter auch „Die Erneuerung“. Ich war überrascht, in welch kurzer Zeit innere Heilung bei den Menschen eintrat, die bei dieser „Erneuerung“ vom Heiligen Geist ergriffen wurden. Die Befreiung von emotionalen Fesseln, negativen Verhaltensmustern und geistlicher Bedrängnis erfolgte vielfach beinahe unmittelbar. Es scheint so, als habe Gott mit dieser Kraft für eine schnellere Genesung seiner Kinder gesorgt – im Gegensatz zu dem Ringen um Befreiung, das früher oft ein Leben lang dauerte. Dieser Prozeß der inneren Heilung ist sehr wichtig für Menschen, die mit seelischen Abhängigkeiten zu kämpfen hatten.

In Abbildung 8 wird deutlich, daß die Kette seelischer Bindungen aus drei Gliedern besteht. Damit der seelisch Kranke vollends geheilt werden kann, müssen alle drei Glieder miteinbezogen werden. Wird einer der drei Bereiche ausgeklammert, bleibt die Genesung unvollständig. Alle drei sind voneinander abhängig und beeinflussen sich gegenseitig.

Der Bereich „Chemisches Ungleichgewicht“ bezieht sich auf körperliche Ursachen, die zu Defiziten bei der Kontrolle von Stimmung und Gedanken sowie zu verminderter Konzentrationsfähigkeit führen.

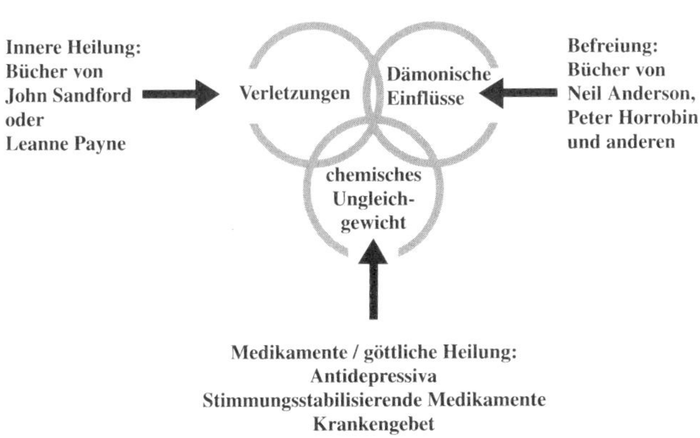

Abb. 8: Die Kette seelischer Gebundenheiten und ihre Glieder

Dieses Gleichgewicht muß mit Hilfe von Medikamenten wiederhergestellt werden, bevor es in den anderen beiden Bereichen zu deutlichen Fortschritten kommen kann.

Der Bereich „Dämonische Einflüsse" bezieht sich auf Bindungen, die auf das Einwirken satanischer Mächte zurückzuführen sind. Die Ursache kann eine persönliche Sünde in der Gegenwart oder aus der Vergangenheit sein, oder der Betreffende ist selbst das Opfer einer Sünde oder eines Fluches, der in seiner Familie von Generation zu Generation weitergegeben wird. Es gibt zahlreiche Ursachen solcher Bindungen. Befreiung ist der Loslösungsprozeß aus der Umklammerung böser Mächte, die Gedanken und Verhalten beeinflussen wollen. Erfahrene Seelsorger und Bücher zu diesem Thema können hier Hilfestellung geben.

Der Bereich „Verletzungen" bezieht sich auf alle seelischen Erschütterungen, denen wir im Laufe unseres Lebens ausgesetzt sind. Durch solche Verletzungen entstehen gedankliche Muster, die unsere Persönlichkeit formen – unsere Gewohnheiten, unser Weltbild und unser Verhalten. Viele dieser Gedankenmuster basieren auf Lügen, die unbemerkt unser Denken unterwandern konnten. Sie verzerren unsere Lebenseinstellung, was sich wiederum auf unser Verhalten und unsere Beziehungen auswirkt. Im Prozeß der inneren Heilung werden seelische Bindungen gelöst und alte Verletzungen aus der Vergangenheit geheilt. Innere Heilung umfaßt somit unsere Einstellung, unser Verhalten und unsere Beziehungen.

Den Autoren John Sandford und Leanne Payne ist es gelungen, auf sehr anschauliche Weise zu erklären, wie man Verletzungen erkennen und Befreiung durch den Heiligen Geist erfahren kann. Ich selbst habe erlebt, wie Menschen mit Hilfe dieser Bücher entscheidende Veränderungen in ihrem Leben erfahren haben. Natürlich gibt es auch viel andere gute, hilfreiche Literatur zu diesem Thema. Gewöhnlich werden die besten Therapieergebnisse erzielt, wenn Patienten die Bücher lesen, die ihnen von ihren Therapeuten oder Seelsorgern empfohlen werden.

Werden alle drei Bereiche seelischer Gebundenheiten gleichermaßen berücksichtigt, wird die innere Heilung deutlich schneller voranschreiten, als wenn einer der Bereiche außer acht gelassen wird.

17
Was ist ADS und Hyperaktivität?

Vereinfacht könnte man sagen, daß jemand, der unter einem Aufmerksamkeits-Defizit-Syndrom (ADS) leidet, eine chronische Konzentrationsschwäche hat. Für solche Menschen ist es unmöglich, ihre Gedanken auf eine einzige Sache zu fokussieren. Es gibt zwei Arten von ADS: mit oder ohne die Verbindung mit Hyperaktivität. ADS ist die häufigste Störung der Denkfähigkeit bei Kindern, und nach allgemeinen Schätzungen sind sechs Prozent aller Kinder davon betroffen. Sie ist eine der Hauptursachen für Schulprobleme und mangelnde Leistungen im Unterricht. Bei mindestens fünfzig Prozent dieser Kinder wird die Krankheit weder erkannt noch behandelt, so daß sie oft ihr Leben lang benachteiligt bleiben.

Offensichtlich hat ein normal arbeitendes Gehirn eingebaute Filter oder Barrieren, die verhindern, daß es mit nutzlosen Informationen oder Stimuli überschüttet wird, die von einem bestimmten Vorhaben ablenken. Bei ADS sind diese Filter so schwach, daß ständig belanglose, abschweifende Gedanken auf das Kind einstürzen, was ein konzentriertes Lernen unmöglich macht. Es ist so, als befände man sich in einem kleinen Raum, in dem aus Lautsprechern Befehle ertönen und man nicht weiß, auf welche Stimme man hören soll. Das Kind erhält sozusagen von seinem Gehirn zu viele Befehle auf einmal, so daß es nicht weiß, wie und in welcher Reihenfolge es sie ausführen soll. Aus dieser Frustration heraus kommt es vielfach zu impulsivem und sozial auffälligem Verhalten.

Diese Unfähigkeit, sich zu konzentrieren, wird durch ein erblich bedingtes chemisches Ungleichgewicht im Gehirn ausgelöst, ähnlich wie bei depressiven Erkrankungen im Erwachsenenalter. Kinder leiden genauso unter sich überstürzenden Gedanken, doch weniger unter den stimmungsbedingten Symptomen. Ihre Gedankenmuster sind zufälliger, wogegen bei Erwachsenen ängstliche und depressive Gedanken vorherrschen. Sehr häufig treten ADS und Depressionen oder manische Depressionen in derselben Familie auf, da die Krankheiten miteinander verwandt und erblich sind.

ADS äußert sich in zahlreichen Symptomen. Nicht jedes betroffene Kind wird alle Symptome aufzeigen.

Denkschema beim Aufmerksamkeits-Defizit-Syndrom

Die häufigsten Symptome sind: Die Kinder bringen Angefangenes nicht zu Ende, sind unruhig, lassen sich leicht ablenken, können nicht zuhören, sind unkonzentriert und auffällig in der Schule und lassen in ihren Leistungen nach. Oft sind sie laut und impulsiv, quirlig und „wie aufgezogen" und können nicht still sitzen. Sie reden viel, sind reizbar und ungeduldig, nicht in der Lage, mit anderen zu teilen, leiden unter Stimmungsschwankungen und wollen immer ihren Willen durchsetzen. In der Klasse sind sie als Träumer oder Störenfriede bekannt, unfähig, eine Aufgabe sorgfältig zu lösen, und leicht durch Einzelheiten zu verwirren. Sie tun selten, was sie sollen, und haben ein äußerst kurzes Erinnerungsvermögen. In der Regel sind solche Kinder extrem launenhaft und reagieren auf alle Ereignisse sehr emotional. Durch ihre Reizbarkeit, ihr impulsives Verhalten und ihre unausgewogene Persönlichkeit haben sie es schwer, dauerhafte Freundschaften zu schließen, und geraten daher leicht in eine soziale Isolation.

Die Schule ist für sie sehr anstrengend, und gewöhnlich bringen sie schlechte Noten nach Hause. Bei den Hausaufgaben brauchen sie jemanden, der die ganze Zeit über neben ihnen sitzt. Mit Lehrern und anderen Autoritätspersonen geraten sie oft in Konflikt und sind der Sündenbock für alles, was schiefgeht. Unter diesem Druck verliert das Kind nach und nach seine Selbstachtung und fühlt sich grundsätzlich abgelehnt. Viele ADS-Kinder werden als Jugendliche mißmutig und in sich gekehrt.

ADS wird häufig in Zusammenhang mit Depressionen, Angstzuständen und Lernbehinderung genannt. Fünfundzwanzig Prozent aller lernbehinderten Kinder leiden zusätzlich an ADS. Dabei sind sie normal intelligent, doch unfähig, ihre Begabungen zu nutzen. Mit dieser Krankheit ist es so, als ob man einen hochgezüchteten Sportwagen in der Garage hätte, doch es fehlt die Garageneinfahrt, um das Auto überhaupt auf die Straße zu kriegen. So bleibt der Wagen totes Kapital. Ebenso verfügen die Kinder, die an ADS leiden, über ein großes Leistungspotential, das nie zum Einsatz kommt.

18
Wie kann ADS behandelt werden?

Fünfzig bis achtzig Prozent aller an ADS erkrankten Kinder werden nie behandelt, weil die Krankheit unerkannt bleibt. Wird sie diagnostiziert, gibt es verschiedene Therapieansätze. Nach meinen Erfahrungen lassen sich durch manche, wie etwa eine Umstellung der Ernährung, keine dauerhaften Erfolge erzielen. Viele Kinder sprechen jedoch gut auf eine medikamentöse Behandlung an. Wie bei den Depressionen im Erwachsenenalter haben die Medikamente eine ausgleichende Wirkung und normalisieren die gedanklichen Strukturen. Dabei gibt es eine Reihe von Mitteln, die sich gut bewährt haben, einschließlich Stimulantien und Antidepressiva. Auch hier kann es zu einer längeren Probephase kommen, bis die richtige Medikamentenkombination gefunden ist. Bei achtzig Prozent der Kinder hat man jedoch mit Stimulantien wie Methylphenidate (Ritalin) gute Erfahrungen gemacht. Diese Mittel mildern die Impulsivität und Hyperaktivität, indem sie die Geschwindigkeit der Gedanken herabsetzen. Dadurch ist es für das Kind einfacher, sein Denken in den Griff zu bekommen und letztendlich sein Verhalten besser zu steuern. Mit der steigenden Selbstbeherrschung wird es auch mit der Konzentration und dem Lernen bergauf gehen. Das Selbstbewußtsein wird gestärkt, und das Kind wird insgesamt ausgeglichener werden. Durch eine Behandlung wird es von seiner erdrückenden Gedankenflut befreit und erstmals fähig, einzelne Gedanken zu sortieren und in seinem eigenen Tempo zu denken, Wichtiges von Unwichtigem zu unterscheiden und sich auf eine Sache zu konzentrieren.

Eltern tun sich im allgemeinen schwer, die Diagnose anzunehmen und ihren Kindern aus diesem Grund Tabletten zu verabreichen. Dies ist nur allzu verständlich, denn niemand sieht es gern, daß sein Kind Tabletten schlucken muß. Doch man sollte sich immer vor Augen halten, daß es dem Kind dadurch besser gehen wird. Es wird glücklicher sein, und seine schulischen Leistungen werden sich steigern. Dies wiederum wird sich positiv auf das häusliche Klima und die familiären Beziehungen auswirken. Den Eltern rate ich stets, die Methylphenidate (Ritalin) so ähnlich zu betrachten wie eine Brille oder Insulin – was niemand seinem Kind vorenthalten würde. In unserer Gesellschaft sollte das Verständnis dafür wachsen, daß ADS eine „echte“, medizinische Krankheit ist, die sich in verhaltensauffälligen Symptomen äußert, und die medikamentös behandelt werden kann.

Auch Pädagogen können aktiv zum Therapieerfolg beitragen, indem sie auf angemessene Weise auf diese Kinder eingehen. Dazu gehört zum Beispiel auch die Begrenzung der Ablenkungsmöglichkeiten im Klassenzimmer. Es kann auch hilfreich sein, das betreffende Kind ganz nach vorn zu setzen, Anweisungen klar und deutlich zu formulieren und öfter zu wiederholen. Ferner ist absolute Konsequenz erforderlich. Das allein reicht jedoch nicht aus. ADS-Kinder brauchen viel Ermutigung und Lob für die Aufgaben, die sie gut gemacht haben, um ihr Selbstwertgefühl zu stärken.

Eltern von Kindern mit Aufmerksamkeitsdefiziten sind in der Regel zutiefst betroffen, verunsichert und machen sich selbst Vorwürfe. Wir müssen versuchen, auf diese Eltern zuzugehen und ihnen unsere Hilfe anzubieten, anstatt uns in die Gemeinschaft jener Freunde und Nachbarn einzureihen, die ihnen erzieherisches Versagen vorwerfen. Auch hier ist die seelsorgerliche Betreuung des Kindes und der ganzen Familie von großer Bedeutung. Selbsthilfegruppen und eingetragene Vereine zur Unterstützung ADS-Kranker und ihrer Familien können für viele betroffene Eltern ein Rettungsanker sein. Diese Gruppen bieten Beratung an und leisten pädagogische Hilfestellung in Erziehungsfragen. Die medizinische Behandlung ist also nur ein Aspekt der vielen Möglichkeiten, ADS wirksam zu begegnen.

19

Was geschieht, wenn ADS unbehandelt bleibt?

Früher glaubte man, ADS sei eine typische Kinderkrankheit, die mit der Pubertät ein Ende hätte. Heute ist bekannt, daß die Krankheit in vierzig bis sechzig Prozent aller Fälle im Erwachsenenalter weiterbesteht.

Bleibt die Krankheit bei Kindern unbehandelt, werden sie mit der Zeit trotzig und verschlossen, aufsässig und aggressiv, leiden an Minderwertigkeitskomplexen und fühlen sich als Versager. Da sie durch ihr sozial auffälliges Verhalten nur schwer Freunde finden, tun sie sich meistens mit Gleichgesinnten zusammen, die an ähnlichen Symptomen leiden. Als Jugendliche sind sie oft introvertiert und lustlos. Es besteht die Gefahr, daß sie zu Gewalt neigen und mit dem Gesetz in Konflikt geraten. Wenn sie dann ihre ersten Erfahrungen mit Alkohol oder Drogen machen, stellen sie fest, daß sie damit auf einmal in der Lage sind, sich zu entspannen und zu konzentrieren. Läßt die Wirkung des Alkohols nach, ist alles wieder beim alten, und die Probleme scheinen größer als zuvor. Und wer die Erfahrung gemacht hat, daß er dadurch zum ersten Mal in seinem Leben fähig war, seine Gedanken zu kontrollieren, trinkt in der Regel weiter. So werden viele Menschen, bei denen ADS im Kindes- und Depressionen im Erwachsenenalter unerkannt und unbehandelt bleiben, früher oder später alkohol- oder drogenabhängig. Durch den regelmäßigen Konsum dieser Drogen wird das chemische Gleichgewicht im Gehirn jedoch noch mehr durcheinandergebracht.

Bei Heranwachsenden verschwinden zwar nach und nach die hyperaktiven Symptome, die Konzentrationsschwäche hingegen bleibt. Die seelischen Symptome nehmen zu, und es kommt verstärkt zu Depressionen, Angstneurosen oder Manie. Das untherapierte ADS kann zu einem lebenslangen Kreislauf von Schuld, Scham, Versagen, Aggressionen, sozialer Isolation, Nervosität, Arbeitslosigkeit, Beziehungsunfähigkeit, Alkohol- und Drogenmißbrauch und depressiven Erkrankungen führen. Das Leben solcher Menschen ist vielfach chaotisch und unstrukturiert, sie sind vergeßlich, schlechte Zeitmanager, kommen chronisch zu spät, wechseln häufig den Arbeitsplatz, den Wohnort und den Lebenspartner. Aufgrund ihres impulsiven Temperaments und ihrer Neigung zu Intoleranz kommt es oft zu zwischenmenschlichen Differenzen. Die Krankheit wirft einen Schatten über alle Bereiche des Lebens und der Persönlichkeit. Deshalb ist es so wichtig, bei jedem Kind sofort nach der Diagnose von ADS mit der Behandlung zu beginnen.

Bei Erwachsenen wird eine ADS-Erkrankung oft erst dann festgestellt, wenn sie bei ihren Kindern einen Verdacht der Krankheit hegen und zur Untersuchung in die Klinik kommen. Vielen Eltern wird zum ersten Mal klar, daß auch sie schon ihr Leben lang unter denselben Symptomen leiden. Auch Erwachsene können mit Methylphenidaten (Ritalin) behandelt werden, meistens werden jedoch Antidepressiva und stimmungsstabilisierende Medikamente eingesetzt. Seelsorgerliche Begleitung ist bei diesen Menschen unerläßlich, um jahrelange Verletzungen zu heilen.

Durch eine gezielte Therapie können diese Patienten ihre Selbstachtung wiederbekommen und zu ausgeglichenen, verläßlichen, toleranten, glücklichen Menschen werden, die sich selbst und ihr Leben im Griff haben.

20
Was ist Schizophrenie?

Schizophrenie und eine gespaltene Persönlichkeit sind zwei verschiedene Dinge. Vielmehr handelt es sich bei Schizophrenie um eine krankhafte Veränderung des Denkens, wobei der Patient nicht mehr in der Lage ist, Wirklichkeit und Einbildung zu unterscheiden. Er hört Stimmen und leidet unter Halluzinationen. Solche Menschen haben oft das Gefühl, beobachtet oder verfolgt zu werden. Schizophrenie zählt zu den psychotischen, nicht zu den depressiven und manisch-depressiven Erkrankungen. Ihre Ursache ist eine andere Art chemisches Ungleichgewicht. Der Oberbegriff für die Medikamente zur Behandlung von Schizophrenie lautet Antipsychotika.

Dabei werden auch Antidepressiva und stimmungsstabilisierende Medikamente verschrieben, wenn die Psychose mit stark depressiven Gedanken und großen Stimmungsschwankungen einhergeht. Antipsychotika hingegen werden bei Depressionen und manischen Depressionen zusätzlich verabreicht, wenn der Patient Symptome einer gedanklichen Verwirrung zeigt.

21

Was ist eine Zwangsneurose?

Zwangsneurosen sind ebenfalls relativ häufig und haben stark lebenseinschränkende Auswirkungen. Drei Prozent aller Menschen sind zu irgendeinem Zeitpunkt in ihrem Leben davon betroffen. Obwohl Zwangsneurosen häufiger vorkommen als Schizophrenie und manische Depressionen, werden sie sehr oft nicht als solche diagnostiziert.

Zwanghaftes Denken ist geprägt von immer wiederkehrenden, lästigen Gedanken, Bildern, Sorgen und Ängsten, die oft als unsinnig erkannt werden, sich aber nur schwer abschütteln lassen. Nicht selten äußert sich diese Zwanghaftigkeit in Form von Flüchen, sich wiederholenden Phrasen oder gewalttätigen Gedanken, die für die betreffende Person vollkommen untypisch sind. Symptomatisch ist auch das Gefühl, schmutzig oder von Krankheitskeimen infiziert zu sein. Für den Patienten, der diesen Gedanken hilflos ausgesetzt ist, ist das sehr beängstigend. Daher sind Zwangsneurosen vielfach mit starken Angstzuständen gekoppelt.

Die Folge zwanghafter Denkinhalte und der damit verbundenen Ängste oder Spannungen sind unnötige, sich immer wieder aufdrängende, willentlich nicht zu steuernde Handlungen. Sie sind zeitraubend, belasten zwischenmenschliche Beziehungen und wirken sich im täglichen Leben und in der Arbeitswelt äußerst störend aus. Zu solchen Handlungen gehören zum Beispiel übertriebenes Waschen, Putzen, Kontrollieren, Nachzählen, aber auch Berührungen oder übermäßiges Schreiben von Zetteln und Notizen. Der Betreffende haßt es, dies zu tun, kann aber nicht damit aufhören, bis er das Gefühl einer gewissen Vollständigkeit hat, was manchmal erst nach sehr vielen Wiederholungen eintritt. Während der zwanghaften Handlung wird er das Gefühl nicht los, die Handlung immer noch nicht „richtig" ausgeführt zu haben.

Die häufigsten Zwangsvorstellungen sind die Angst vor Schmutz, Bakterien, Krankheit oder davor, daß einem selbst oder nahestehenden Menschen etwas zustößt, Angst vor sexuellen Gedanken und die Angst, eine Sünde zu begehen. Die häufigsten zwanghaften Rituale, um Ängste zu unterdrücken, sind wiederholtes Waschen, Vor-sich-hin-

Sagen eines Satzes oder einer Zahl, Berührungen, übertriebener Ordnungssinn, wiederholtes Kontrollieren von Tür- oder anderen Schlössern und der Drang, alles aufzubewahren.

Zwangsneurosen treten gewöhnlich in Verbindung mit depressiven Erkrankungen auf und scheinen durch dasselbe chemische Ungleichgewicht verursacht zu werden. Nur allzu oft tritt die Krankheit bereits in der Kindheit oder im Jugendalter auf. Zwanghafte Gedanken gehören ebenfalls zu den schweren gedanklichen Störungen, die sich in der Regel durch Antidepressiva gut ausgleichen lassen.

22

Was kann man tun bei krankhaften Ängsten, Panik und Angstpsychosen?

Bei einer Angstpsychose ist der Patient dem Gefühl pausenloser Angst oder Sorge machtlos ausgeliefert. Panik ist die ausgeprägteste Form einer Angstpsychose. An Häufigkeit und lebenslänglicher Beeinträchtigung stehen diese Krankheiten den Depressionen und manischen Depressionen nicht nach. Meistens sind sie gekoppelt, denn bei den anhaltenden Angstgefühlen handelt es sich um eine weitere Form negativer, ständig wiederkehrender Gedankenmuster, die sich nicht ausschalten lassen. Auch diese Krankheiten können durch Antidepressiva behandelt werden, die oft in Kombination mit langfristig wirkenden Beruhigungsmitteln (Sedativa) eingesetzt werden.

Tranquilizer hingegen sind Sedativa, die eine vorübergehende Linderung der unaufhörlichen, quälenden Ängste und Sorgen bewirken. Dabei wird die eigentliche Ursache, das chemische Ungleichgewicht, nicht behoben, sondern lediglich für kurze Zeit überdeckt. Die Oberbegriffe für diese Medikamente enden gewöhnlich auf „... *pam*", zum Beispiel „Diazepam". Tranquilizer bewähren sich in der kurzfristigen Behandlung bei akuten Angstpsychosen oder Depressionen. Ihr Zweck ist die schnelle Linderung der Symptome während der mehrwöchigen Wartezeit, bis das Antidepressivum seine Wirkung entfaltet. Da Tranquilizer abhängig machen können, wird ihre Dosis behutsam verringert, sobald eine Besserung der Krankheit durch die Antidepressiva beobachtet wird.

Wie bei Depressionen und manischen Depressionen helfen auch hier die Medikamente dem Patienten, wieder Herr seiner Gedanken zu werden und die Ängste, die ihn verfolgen, in den Griff zu bekommen.

23

Wie kann man bei Magersucht, chronischer Müdigkeit und Fibromyalgie helfen?

Auch Menschen, die an Magersucht (Anorexia nervosa) leiden, werden unkontrollierbar von negativen Gedanken heimgesucht – in ihrem Fall, daß sie zu dick seien. Sie können nicht aufhören, sich über ihre Figur Sorgen zu machen. Schlankheitskuren werden zum inneren Zwang, gegen den sie sich nicht wehren können. Im schlimmsten Fall führt zwanghaftes Hungern bis zum Tod, da die negativen Gedanken kein Ende haben und der Kranke niemals mit seinem Gewicht zufrieden sein kann.

Dreißig bis fünfzig Prozent aller Magersüchtigen leiden zusätzlich an depressiven oder manisch-depressiven Erkrankungen. Diesen Krankheiten gemeinsam ist, daß sie durch ein chemisches Ungleichgewicht verursacht werden, das dazu führt, daß der Patient in seinen destruktiven Gedankenmustern gefangen ist. Auch hier können Antidepressiva helfen, das chemische Gleichgewicht und somit eine stabile Gemütslage und die Fähigkeit zur gedanklichen Kontrolle wiederherzustellen. Danach ist der Patient in der Lage, seine Figur als „normal" zu akzeptieren – oder überhaupt erst auf sein Normalgewicht zu kommen und wieder regelmäßig zu essen. Auch hier ist eine seelsorgerliche Betreuung nötig.

Die Liste der Symptome des Chronischen Müdigkeitssyndroms stimmt zu einem Großteil mit den Symptomen von Depressionen überein. Daher kann auch das Chronische Müdigkeitssyndrom durch Antidepressiva wirksam behandelt und eine entscheidende Besserung erzielt werden.

Fibromyalgie ist eine Krankheit, bei der unter anderem chronische Muskelschmerzen, Schlafstörungen und Depressionen auftreten. Man weiß heute, daß sechzig Prozent der Patienten mit chronischen Schmerzen zusätzlich an einer chemisch bedingten Depression leiden. Dabei kann der Schmerz die Folge einer chronischen Depression oder aber die Depression die Folge chronischer Schmerzen sein.

Oft tritt bei Fibromyalgie nach der Einnahme von Antidepressiva eine Besserung ein; die Patienten können wieder schlafen, die Muskeln entspannen sich, und die Schmerzen werden etwas gelindert. Auch ohne daß zuvor depressive Symptome vorhanden waren, haben sich hier Antidepressiva gut bewährt.

Zusammenfassend könnte man sagen, daß Antidepressiva bei den Krankheitsbildern, bei denen unkontrollierbare Gedanken die Konzentration und das Verhalten beeinträchtigen, breitflächig eingesetzt werden können.

Zusammenfassung

Unsere Gesellschaft braucht ein neues Bewußtsein dafür, daß Menschen, die an Depressionen, Magersucht, Angstpsychosen oder einem Aufmerksamkeits-Defizit-Syndrom leiden, Sklaven einer Krankheit sind, aus deren Fesseln sie sich nicht allein befreien können. Dabei handelt es sich um medizinisch anerkannte, körperlich bedingte Leiden, die der ärztlichen Betreuung bedürfen – genauso wie Diabetes oder andere chronische Leiden. Es ist ungerecht, wenn diesen Menschen mit Argwohn, Angst, verhohlener Scham oder Geringschätzung begegnet wird. Die meisten von ihnen können durch eine gezielte medikamentöse Behandlung ihre Leistungsfähigkeit wiedererlangen und in ein normales Leben zurückkehren.

Wir Christen müssen uns bewußt werden, daß es sich hier um gewöhnliche Krankheiten handelt, die man ärztlich behandeln kann und die jeden von uns – ohne eigenes Verschulden – treffen können. In unseren Kreisen und Gemeinden gibt es zahlreiche Menschen mit seelischen Verletzungen, die nach Lösungen für ihre Lebensprobleme suchen. Viele von ihnen leiden vielleicht unter depressiven und ähnlichen Erkrankungen und bedürfen der medizinischen Behandlung. Und es tut weh, wenn sie von Freunden oder Pastoren zu hören bekommen, daß Depressionen ein Zeichen geistlicher Schwäche oder mangelnden Glaubens seien. Der Rat, sich „nicht hängen zu lassen" hilft einem depressiv Kranken nicht weiter. Ebensowenig würden wir einem Diabetiker sagen, er solle „sich am Riemen reißen, damit er kein Insulin mehr braucht". Viele Kranke leiden unnötig, da sie nicht wissen, daß es Möglichkeiten zur Behandlung gibt und daß diese Methoden für Christen durchaus vertretbar sind.

Durch verstärkte Aufklärung der Öffentlichkeit werden depressive Menschen zunehmend erkennen, daß sie Hilfe brauchen, und nicht länger im gesellschaftlichen Abseits stehen. Wir sollten sie darin unterstützen und sie ermutigen, medizinischen Rat einzuholen.

Auch diese Broschüre kann helfen, eine eventuell vorhandene Krankheit zu diagnostizieren und ihre Therapiemöglichkeiten kennenzulernen. Die abschließende Checkliste faßt noch einmal die Symptome aller hier beschriebenen Krankheiten zusammen. Sie kann hilfreich sein, wenn Sie bei einem Familienmitglied oder bei sich selbst den Verdacht einer solchen Krankheit hegen. Trifft ein Großteil der Symptome zu, sollten Sie mit einem Arzt darüber sprechen, damit eine eventuell nötige Behandlung so bald wie möglich begonnen werden kann.

Gott hat uns den Auftrag gegeben, die Welt aus der Gebundenheit der Sünde zu befreien, deshalb lassen Sie uns auch die Menschen in die Freiheit führen, die durch Fesseln ihrer Denkmuster und Verhaltensweisen gebunden sind.

Checkliste der Symptome

Stellen Sie in der folgenden Auflistung mehrere Symptome fest, die bei Ihnen seit mehr als zwei Wochen anhalten, zeigen Sie die Liste Ihrem Arzt und sprechen Sie mit ihm darüber.

Depression

1. Anhaltende Traurigkeit; Angstzustände oder Gefühl „innerer Leere“, die meiste Zeit von früh bis spät.
2. Gefühl der Hoffnungslosigkeit; Pessimismus und geringes Selbstwertgefühl.
3. Schuldgefühle; Gefühl der Wertlosigkeit; Hilflosigkeit.
4. Verlust des Interesses und der Freude an Hobbies und schönen Dingen; Verlust des sexuellen Interesses.
5. Schlafstörungen: Schlaflosigkeit oder besonders langes Schlafen.
6. Verlust des Appetits und/oder Gewichtsverlust oder übermäßiges Essen und Gewichtszunahme.
7. Verminderte Leistungsfähigkeit; Müdigkeit; das Gefühl, „völlig am Ende“ zu sein oder unkontrollierte Aktivität. Einfache Dinge erscheinen als schier unlösbare Aufgaben und werden aufgeschoben.
8. Gedanken an Tod oder Selbstmord; Suizidversuche; das ständige Gefühl, daß „so ein Leben keinen Sinn hat“.
9. Rastlosigkeit; Reizbarkeit; schlechte Laune; Unfähigkeit, sich zu entspannen oder zufrieden zu sein.
10. Konzentrationsschwierigkeiten; Vergeßlichkeit; Unentschlossenheit aufgrund anhaltender trauriger, destruktiver, negativer Gedanken, die sich nicht ausschalten lassen.
11. Dauernde körperliche Symptome, die auf keine medizinische Behandlung ansprechen, wie etwa Kopfschmerzen, Verdauungsprobleme oder chronische Schmerzen.
12. Ängste und Sorgen, die durch nichts zu beruhigen sind. Sorgen über alltägliche Dinge, wie zum Beispiel die Gesundheit.
13. Soziale Isolation aufgrund zunehmender Schwierigkeiten, locker mit Menschen ins Gespräch zu kommen.

14. Depressionen, Alkoholabhängigkeit oder Nervenzusammenbrüche in der Familie.
15. Bei Kindern: erhöhte Reizbarkeit; ständiges Klagen über körperliche Schmerzen; übermäßige Aktivität und grundlose Angst oder Panik.
16. Bei Jugendlichen: Reizbarkeit; Alkohol- oder Drogenmißbrauch; unsoziales, provokantes, aggressives Verhalten; innere Unruhe; schlechte schulische Leistungen; Fernbleiben vom Unterricht; häufig wechselnde Freunde oder Freundinnen; Überempfindlichkeit gegenüber Zurückweisung; mangelnde Hygiene.

Manie

1. Übersteigerte Stimmungshochs und schnelle, unberechenbare Stimmungswechsel.
2. Reizbarkeit; Ungeduld gegenüber anderen, die mit der rasch wechselnden Stimmungslage nicht Schritt halten können.
3. Unfähigkeit zu schlafen; das Gefühl, keinen Schlaf zu brauchen oder keine Zeit zum Schlafen zu haben und am nächsten Tag keine Müdigkeit zu spüren.
4. Große Pläne; übersteigerte Selbsteinschätzung; Selbstherrlichkeit; unüberlegte finanzielle Großzügigkeit.
5. Viel schnelles und lautes Reden.
6. Sich überstürzende, verworrene Gedankengänge; plötzliche Themenwechsel und Gedankensprünge.
7. Gesteigerter Sexualtrieb und sexuelle Hemmungslosigkeit; häufiger Partnerwechsel.
8. Erstaunliche Energieschübe, bei denen der Betreffende „nicht zu bremsen ist"; unausgeglichene, aggressive Fahrweise.
9. Schlechtes Urteilsvermögen; keine Einsicht; Weigerung, sich behandeln zu lassen; Neigung, die Schuld bei anderen zu suchen.
10. Unangemessenes, auffälliges Benehmen, zum Beispiel das Ausschimpfen anderer in der Öffentlichkeit; übersteigerte Reaktionen auf bestimmte Begebenheiten; Fehlinterpretationen von Ereignissen und Äußerungen; Verdrehung von Tatsachen oder Bemerkungen.

11. Die oben genannten Symptome halten wenige Stunden bis einige Tage lang an, bevor es zu einem Absturz in tiefste Depression kommt.

Aufmerksamkeits-Defizit-Syndrom (ADS) mit Hyperaktivität

1. Sich überschlagende Gedanken, die zu anhaltender Zerstreutheit führen.
2. Unfähigkeit, eine Sache zu Ende zu bringen.
3. Gehörtes geht „zum einen Ohr herein, zum andern wieder hinaus".
4. Leichte Ablenkbarkeit; Unfähigkeit, sich auf Schularbeiten zu konzentrieren, wenn nicht die ganze Zeit jemand daneben sitzt.
5. Neigung, ständig Geräusche zu produzieren, um die Stille auszufüllen.
6. Schlechte Noten; Stören des Unterrichts; Auflehnung gegenüber Autoritätspersonen; Unstrukturiertheit.
7. Innere Unruhe und der Drang, „wie aufgezogen" ständig in Bewegung zu sein.
8. Unfähigkeit, still zu sitzen; Neigung, viel und laut zu reden; störendes und impulsives Verhalten.
9. Schwierigkeiten, Freunde zu finden oder feste Freundschaften zu schließen; Unfähigkeit, mit anderen zu teilen; Ungeduld; schlechte Verlierer; Neigung, stets den eigenen Willen durchzusetzen.
10. Übersteigerte emotionale Reaktionen auf positive und negative Erfahrungen; große Stimmungsschwankungen.
11. Unfähigkeit, Anweisungen auszuführen oder sich an sie zu erinnern; Tagträume.
12. ADS ohne Hyperaktivität: Das Kind ist unfähig, sich zu konzentrieren, es fehlen jedoch die Symptome wie Unruhe, gesteigerter Bewegungsdrang oder Neigung zur Lautstärke. Diese Kinder werden vielmehr als stille Tagträumer beschrieben.
13. ADS, Depressionen, Alkoholabhängigkeit oder Nervenzusammenbrüche in der Familie.